Bon Saint Valentin

-

365 phrases d'amour pour toute une année - Je t'aime mon amour

Ton amour est le plus grand trésor de ma vie. Je suis si heureux de t'avoir à mes côtés.

J'aime la façon dont tu me surprends toujours avec de petits gestes d'affection et de considération. Votre amour est doux et attentionné.

Tu es ma meilleure compagnie et ma Valentine.

Tu es ma meilleure moitié.

J'aime comment tu sais toujours comment me faire rire.

Tu es mon Valentin pour la vie.

J'aime ce que je ressens quand je suis avec toi. Ton amour est une étreinte chaleureuse dont je ne veux jamais me séparer.

Rien n'est comparable à être avec toi.

Vous me coupez le souffle.

J'ai beaucoup de chance de t'avoir dans ma vie.

Tu fais chanter mon coeur.

Je suis très heureux de votre amour.

Votre amour me remplit de joie et de bonheur chaque jour.

Votre amour est une source constante de force et de soutien pour moi. J'ai tellement de chance de t'avoir dans ma vie.

Votre amour est le fondement de notre relation et je l'apprécie profondément.

Mon amour pour toi est infini.

Votre contact est électrique et me donne des frissons.

Je vous remercie pour votre honnêteté et votre transparence dans notre relation.

Tu fais s'envoler mon coeur.

Tu es la personne la plus extraordi-
naire que j'aie jamais rencontrée.
Merci pour votre amour.

Je n'ai jamais su ce qu'était l'amour jusqu'à ce que je te rencontre.

Je t'aime pour tout ce que tu es et tout ce que tu fais. Tu es mon rocher et mon refuge dans ce monde de fous.

Je suis heureux d'avoir trouvé l'amour avec toi.

Je t'aime de plus en plus chaque jour. Vous apportez de la joie et du bonheur dans ma vie.

Je vous aime pour votre gentillesse, votre compassion et votre soutien inconditionnel. Tu es tout pour moi.

J'aime la façon dont vous faites passer les autres en premier et dont vous vous efforcez de rendre le monde meilleur. Votre amour est désintéressé et pur.

J'ai beaucoup de chance de t'avoir à mes côtés.

Vous me surprenez par votre gentillesse et votre beauté.

Mon amour pour toi est éternel.

Merci pour le rire et la joie que vous apportez à ma vie.

Je t'aime plus que les étoiles dans le ciel.

Je t'aime plus que le chocolat.

Chaque jour, je te remercie de t'avoir dans ma vie.

J'ai un amour fou pour toi.

J'aime que tu prennes toujours du temps pour moi et que tu donnes la priorité à notre relation. Votre amour est précieux et utile.

Je t'aime plus que les mots ne peuvent l'exprimer.

J'apprécie la façon dont vous encouragez et soutenez mes rêves et mes objectifs.

J'aime la façon dont vous acceptez toujours vos bizarreries et vos imperfections et restez toujours fidèle à vous-même. Votre amour est authentique et sincère.

Je t'appartiendrai toujours.

Ensemble, nous formons un couple magnifique et parfait.

J'aime la façon dont vous vous efforcez toujours de communiquer et de comprendre les besoins de l'autre. Votre amour est respectueux et attentionné.

Je t'aime plus que les étoiles aiment le ciel nocturne.

J'aime me réveiller dans tes bras tous les matins.

Je t'aime plus que les mots ne peuvent l'exprimer.

Votre amour est un rappel constant de combien je suis aimé et apprécié. J'ai tellement de chance de t'avoir dans ma vie.

J'adore le fait que tu saches toujours comment me faire sentir mieux et me donner le sourire. Votre amour est une source de joie dans ma vie.

Chaque jour, je rends grâce pour l'amour que nous partageons.

Je ne me lasse pas de recevoir votre amour et vos soins.

J'aime comment tu me fais me sentir si spéciale.

Ton amour est la chose la plus précieuse dans ma vie.

Je perdrais mon chemin sans ton amour inconditionnel.

Tu es ma Valentine, mon coeur, mon âme soeur.

Je suis reconnaissant de t'avoir à mes côtés. Votre amour et votre soutien sont tout pour moi.

Ton amour est le plus beau cadeau que j'ai jamais reçu. J'ai tellement de chance de t'avoir dans ma vie.

Je suis reconnaissant de votre présence dans ma vie et des souvenirs que nous avons créés ensemble.

Pour toi, j'irais jusqu'au bout du monde.

Je veux passer l'éternité avec toi.

J'aime les moments où nous partageons nos rêves et nos secrets.

Être avec toi, c'est comme être à la maison.

Je t'aime plus que je ne l'aurais jamais cru possible.

Tu es tout pour moi.

Tout en toi illumine mon monde.

J'aime la façon dont tu trouves toujours le moyen de faire grandir et évoluer la relation. Notre amour est dynamique et passionnant.

Tu es ma source de joie.

Je suis en admiration devant votre beauté et votre force.

Je ne me lasse pas de te dire à quel point je t'aime.

Tu es mon seul Valentin.

J'aime la façon dont nous pouvons être nous-mêmes quand nous sommes ensemble.

Vous êtes la lumière de ma vie et je vous apprécie.

Chaque jour, je rends grâce pour l'amour que nous partageons.

J'aime comment tu me fais me sentir si spéciale.

Tu me fais me sentir comme la personne la plus chanceuse du monde.

J'aime la façon dont tu trouves toujours le bon côté des choses et dont tu n'abandonnes jamais ce qui compte pour toi. Votre amour est une source d'inspiration.

Merci pour votre amour et pour toutes les façons dont vous rendez ma vie meilleure. Tu es tout pour moi.

Je ne me lasse pas de tes doux baisers.

Notre amour ne mourra jamais.

Tu fais de mon monde un endroit plus lumineux.

Ton amour est une source constante de confort et de sécurité pour moi. Je suis reconnaissant de t'avoir à mes côtés.

Je suis très heureux de vous avoir dans ma vie.

J'aime me réveiller dans tes bras tous les matins.

Ton amour me complète.

Mon souhait le plus profond est que nous soyons toujours ensemble.

Vous êtes la lumière de ma vie et je vous apprécie.

Chaque jour, je t'aime davantage.

Je ne pourrai jamais exprimer à quel point je t'adore.

J'aime la façon dont vous vous efforcez toujours de montrer votre amour et votre affection par vos actions et vos paroles. Votre amour est sincère et vient du cœur.

Je suis très heureux pour vous.

Tu es ma personne spéciale.

Je t'aime plus que les mots ne peuvent l'exprimer. Tu es la lumière de ma vie et la raison de mon bonheur.

Je suis très heureux de nous avoir dans ma vie. Notre amour et notre soutien sont tout pour moi.

Je t'aime au-delà de toute mesure.

Ton amour est la chose la plus pré-cieuse pour moi.

Je t'aime plus que je ne pourrais jamais le dire avec des mots. Tu es tout pour moi.

Vous rendez ma vie tellement plus lumineuse.

Je suis si heureuse pour vous !

J'aime votre sourire, il est contagieux et illumine une pièce.

Pour moi, tu es la plus belle personne du monde.

Tu es mon roc, mon soutien et mon tout. Je t'aime de tout mon cœur.

J'aime que tu apportes toujours de la joie et du bonheur dans ma vie. Votre amour est une source de bonheur et de satisfaction.

Vous apportez joie et satisfaction à ma vie.

Je vous remercie d'avoir toujours fait passer mes besoins et mon bonheur avant les vôtres.

Notre amour est comme un conte de fées.

Tu es le meilleur Valentin qui soit.

J'aime la façon dont vous m'écoutez toujours et m'offrez votre soutien et vos conseils. Ton amour est compréhensif et sage.

Je serai toujours là pour toi.

Je suis si heureuse d'être ta Valentine.

Tu es mon seul amour.

Tu es mon rocher.

Ton amour me complète et me fait me sentir entier.

Vous faites mes journées.

Je ne savais pas que l'amour pouvait être si merveilleux jusqu'à ce que je te rencontre.

Tu es mon véritable amour.

Tu es la clé de mon cœur.

Je t'aime maintenant et pour toujours.

Tu fais sauter un battement à mon coeur.

Joyeuse Saint-Valentin ! Mon endroit préféré au monde est à côté de toi.

J'aime la façon dont tu apportes toujours de l'excitation et de l'aventure à notre relation. Votre amour est excitant et exaltant.

Je t'aime plus que les mots ne peuvent l'exprimer. Tu es la lumière de ma vie.

Je ne peux pas imaginer vivre sans toi.

Je t'aimerai toujours.

Je vous remercie de m'avoir toujours donné sécurité et protection.

Ton amour est la chose la plus précieuse dans ma vie.

Tu es la lumière de mes yeux.

Tu es la pièce manquante du puzzle dans ma vie.

Je vous aime pour votre gentillesse, votre compassion et votre soutien indéfectible. Tu es mon rocher.

Je t'aimerai jusqu'au jour de ma mort.

Tu es ma Valentine et mon éternelle.

J'aime être avec toi plus que tout autre chose.

Je suis si chanceuse de t'avoir à mes côtés. Ton amour me donne de la joie et remplit mon cœur de bonheur.

J'aime les moments où nous partageons nos rêves et nos secrets.

Je t'aime plus que tout au monde.

Je rêve constamment de nous voir ensemble.

Je ne pourrai jamais exprimer à quel point je t'adore.

Merci pour votre amour et pour toutes les façons dont vous rendez ma vie meilleure. Je t'aime de tout mon cœur.

J'aime la façon dont tu m'encourages toujours à poursuivre mes rêves et mes passions. Votre amour est un soutien et une source de motivation.

Je suis si heureuse d'être ta Valentine.

J'aime la façon dont tu fais toujours ressortir le meilleur de moi-même et m'aide à être le meilleur de moi-même. Votre amour est transformateur et édifiant.

Tu fais ressortir le meilleur de moi-même.

Je suis submergé par la profondeur de votre amour.

Tu es ma Valentine pour l'éternité.

Ton amour est la chose la plus précieuse dans ma vie. Merci pour votre entreprise.

Vous rendez ma vie tellement plus merveilleuse.

Merci pour votre amour.

Notre amour est comme une belle chanson.

Je me sens privilégié d'avoir votre compagnie. Votre amour et votre soutien sont tout pour moi.

J'aime que tu t'efforces toujours de garder notre relation forte et saine. Votre amour est dévoué et loyal.

Je te remercie pour les sacrifices que tu fais pour que notre relation fonctionne.

Tu es le véritable compagnon de mon cœur.

Je veux t'appartenir pour toujours.

Tu es la personne la plus importante de ma vie. Je t'aime profondément et je t'aimerai toujours.

Chaque fois que je te vois, mon coeur s'emballe.

Vous apportez joie et satisfaction à ma vie.

Tu es mon amour.

Tu es tout pour moi.

J'aime la façon dont vous me soutenez et m'encouragez à être meilleur. Vous êtes la meilleure entreprise dans tous les sens du terme.

Je ne savais pas que l'amour pouvait être si merveilleux jusqu'à ce que je te rencontre.

J'aime passer du temps avec toi et vivre de nouvelles expériences ensemble. Vous rendez chaque jour spécial et plein d'amour.

Je vous suis reconnaissant de la façon dont vous me mettez au défi et me motivez à grandir.

Tu es un Valentin incroyable.

Je t'aimerai jusqu'à ce que les étoiles s'éteignent.

Je t'aime plus que les étoiles aiment le ciel nocturne.

Ton amour est comme une étreinte chaleureuse qui m'enveloppe et me remplit de joie et de bonheur.

Ton amour est la base de notre relation.

Je t'aime plus que les mots ne peuvent l'exprimer. Tu es la lumière dans ma vie qui me guide dans les jours les plus sombres.

Je t'aime plus que la vie elle-même.

Je t'aime plus que les mots ne peuvent l'exprimer. Vous apportez de la joie et du bonheur dans ma vie.

Ton amour est la chose la plus précieuse dans ma vie. J'en suis reconnaissant.

Tu es mon Valentin.

J'aime la façon dont tu fais toujours passer les autres avant toi.

Je t'aime de tout mon cœur.

Notre amour est éternel.

Tu es mon seul véritable amour.

Je t'aime pour toujours.

Quelle chance j'ai de t'avoir à mes côtés et de pouvoir partager ma vie avec toi. Je t'aime plus que les mots ne peuvent l'exprimer.

Tu me complètes.

Je vous remercie de toujours trouver le moyen de me faire sourire.

Vous me fascinez !

Je ne peux pas imaginer ma vie sans toi. Ton amour me donne de la joie et remplit mon cœur de bonheur.

Notre amour est beau

Tu es ma Valentine, le désir de mon coeur.

Ensemble pour toujours.

*Je t'aime plus que les mots ne peu-
vent le décrire.*

Je t'aime pour ton honnêteté, ton intégrité et ton engagement inébranlable dans notre relation.

Tu es la lumière de ma vie.

Je me sens si spéciale grâce à toi.

Je ne me lasse pas de tes doux baisers.

J'aime la façon dont vous trouvez toujours de l'humour dans n'importe quelle situation et m'apportez un sourire. Votre amour est joyeux et amusant.

T'aimer est la meilleure chose que j'ai jamais faite.

Tu es mon seul véritable amour et je ne l'oublierai jamais.

Je t'aime plus que jamais.

Chaque moment que je passe avec toi est précieux et spécial.

Ta compagnie et ton amour sont tout pour moi.

Je t'aime plus que je ne l'aurais jamais cru possible.

Tu es ma raison de sourire.

Chaque jour, je t'aime davantage. Tu es la lumière de ma vie et la raison de mon bonheur.

Je ne peux pas m'empêcher de penser à toi.

Je t'aime de tout mon cœur et je ne te laisserai jamais partir.

Vous illuminez ma vie.

Tu es mon complice, mon refuge et mon tout. Je t'aime de tout mon cœur.

Nous étions destinés à être ensemble.

Notre amour est comme un conte de fées.

Vous rendez ma vie tellement plus lumineuse.

Tu es l'amour de ma vie.

J'aime que tu sois toujours à mes côtés et que tu assures mes arrières quoi qu'il arrive. Votre amour est inébranlable et fort.

Tu me fais me sentir comme la personne la plus chanceuse du monde.

Ton amour est un rappel constant de la chance que j'ai de t'avoir dans ma vie. Merci d'être à mes côtés.

Tu es mon amour...

Je chéris chaque moment que je passe avec toi.

Chaque fois que je te vois, mon cœur fait un bond.

Tu es tout pour moi. Je t'aime plus que les mots ne peuvent le dire.

Vous avez un cœur si gentil et si attentionné.

Tu es mon amour le plus cher et le plus aimé.

Tu es ma plus grande aventure.

Vous êtes ma personne préférée au monde.

Je t'aime pour tout ce que tu es et tout ce que tu fais. Tu es tout dans ma vie.

Je suis reconnaissant de t'avoir dans ma vie.

Je ne peux pas m'empêcher de penser à toi.

Mon cœur est à toi, pour toujours et à jamais.

Je t'appartiens, maintenant et pour toujours.

Je suis reconnaissant de t'avoir dans ma vie.

Je ne peux pas imaginer la vie sans toi.

Mon cœur vous appartient.

J'apprécie votre patience et votre gentillesse à mon égard.

Tu es mon Valentin tous les jours.

Je ne me lasse pas de recevoir votre amour et vos soins.

Tu es mon seul véritable amour et je ne l'oublierai jamais.

J'ai beaucoup de chance de vous avoir. Votre amour et votre soutien représentent tout pour moi.

Merci pour toutes les façons dont tu me montres ton amour et ton attention. Je t'aime profondément et complètement.

Un jour sans toi est comme un jour sans soleil.

Ton amour est comme une étreinte chaleureuse qui m'enveloppe et me remplit de bonheur et de satisfaction.

Ton amour est la base de mon bonheur. Votre entreprise me rend heureux.

Je ne peux pas imaginer ma vie sans toi.

Tu es l'amour de ma vie, et je ne voudrais pas qu'il en soit autrement.

Notre amour est incassable.

Je remercie Dieu chaque jour de nous avoir réunis.

Tu rends ma vie meilleure. Tu es mon âme soeur.

Vous êtes mes pensées et mes rêves.

Tu es le désir de mon cœur.

Votre amour est la plus belle chose que j'ai jamais connue. Je suis reconnaissant de t'avoir à mes côtés.

Mon cœur est à toi, maintenant et pour toujours.

J'ai hâte de passer une autre Saint-Valentin avec vous.

Tu es mon amour le plus cher et le plus aimé.

Mon amour pour toi est inconditionnel.

J'apprécie que vous me fassiez toujours sentir aimée et appréciée.

Tu es la joie de mon coeur.

Vous êtes mon bonheur.

Je ne peux pas imaginer un seul jour sans toi à mes côtés. Tu es l'amour de ma vie.

Tu me rends fou.

Ton amour est la base de mon bonheur.

Tu es mon rayon de soleil dans un jour nuageux.

Tu es la personne la plus extraordinaire que j'aie jamais rencontrée. Je t'aime de plus en plus chaque jour.

Ton amour est la pièce manquante du puzzle qui m'a achevé.

*Je ne peux pas m'empêcher de t'ai-
mer.*

*J'aime la façon dont tu me fais toujours sentir. Votre amour est pré-
cieux et n'a pas de prix.*

Tu as mon coeur pour toujours.

Vous avez rempli ma vie de tant de joie.

J'aime que tu fasses toujours tout pour que je me sente spéciale. Votre amour est réfléchi et attentionné.

Je vous suis reconnaissant de m'avoir inspiré à devenir une meilleure personne.

J'ai trouvé l'amour avec toi.

Je t'aime jusqu'à la lune et le retour.

Tu es mon partenaire idéal.

Tu es tout pour moi.

Vous êtes ma meilleure compagnie.

Je t'aime pour ta gentillesse, ta compréhension et ton amour inconditionnel. Tu es tout pour moi.

Merci pour tout l'amour que vous me portez.

Tu es la meilleure chose qui me soit arrivée.

Vous remplissez mon monde de bon-heur et d'amour.

J'irais jusqu'au bout du monde pour toi.

Je suis captivé par votre amour.

J'aime que tu saches toujours quoi dire ou faire pour que je me sente mieux. Votre amour est une source de réconfort dans ma vie.

Ton amour est la lumière dans ma vie qui me guide dans les jours les plus sombres. Je t'aime de tout mon cœur.

Ton amour m'apporte la joie et remplit mon cœur de bonheur.

J'aime la façon dont tu me fais sentir comme la personne la plus spéciale du monde. Ton amour est un cadeau que je chéris.

C'est une chance de vous avoir dans ma vie et de pouvoir partager mon voyage avec vous. Je t'aime profondément et je t'aimerai toujours.

Vous mettez mon monde sens dessus dessous.

J'apprécie votre volonté d'écouter mes pensées et mes sentiments.

J'ai tellement de chance de t'avoir dans ma vie. Votre amour et votre soutien représentent tout pour moi.

Tu es le rayon de soleil de ma vie.

Tu es la raison de mon sourire.

Je suis en admiration devant votre beauté et votre force.

Vous rendez ma vie tellement plus merveilleuse.

J'aime ce que tu me fais ressentir.

Je ne peux pas imaginer ma vie sans toi. Notre amour et notre soutien sont tout pour moi.

Tu es tout pour moi. Je t'aime de tout mon cœur et de toute mon âme.

Tu me fais me sentir comme la personne la plus chanceuse du monde.

Tout en toi illumine mon monde.

Mon souhait le plus profond est que nous soyons toujours ensemble.

Je vous suis reconnaissant pour votre soutien indéfectible et votre compréhension.

Tu es mon roc, mon soutien et mon tout. Je t'aime de tout mon cœur.

J'apprécie l'amour et l'attention que vous me portez chaque jour.

Chaque moment que je passe avec toi est précieux et spécial.

Je t'aime de tout mon cœur et de toute mon âme.

Tu es la personne la plus extraordinaire que j'aie jamais rencontrée. J'ai beaucoup de chance de vous avoir.

Tu es mon Cupidon.

Ensemble, nous formons un couple magnifique et parfait.

Tu es mon âme sœur, mon meilleur compagnon et l'amour de ma vie. Je ne peux pas imaginer un seul jour sans toi à mes côtés.

Tu es mon seul véritable amour.

Merci pour tout l'amour et le soutien que vous me donnez. Cela signifie beaucoup pour moi.

Votre passion et votre détermination m'inspirent.

Tu tiens peut-être ma main pour un moment, mais tu tiens mon coeur pour toujours.

Je suis béni de t'avoir dans ma vie.

J'ai tellement de chance de t'avoir dans ma vie. Ton amour me donne de la joie et remplit mon cœur de bonheur.

Tu es ma Valentine et ma meilleure amie.

Tu es mon âme soeur.

Notre amour est une source constante de force et de bonheur.

Être avec toi fait que tous mes problèmes semblent petits.

Je t'aimerai toujours et pour toujo-urs.

Je t'aime plus que jamais.

Tu es la raison de mon sourire.

J'aime être avec toi plus que tout autre chose.

J'aime comment tu me fais rire et comment tu m'écoutes quand j'ai besoin de me défouler. Votre amour est une bénédiction dans ma vie.

Je t'aime pour ton honnêteté, ton intégrité et ton engagement inébranlable dans notre relation. Tu es tout pour moi.

Je suis submergé par la profondeur de votre amour.

J'aime ce que tu me fais ressentir. Votre amour est un cadeau que je chérirai toujours.

Je suis la personne la plus chanceuse de t'avoir dans ma vie.

Tu es ma Valentine, mon coeur, mon tout.

Tu es ma raison de vivre.

J'aime la façon dont tu me fais toujours sentir. Votre amour est réconfortant et sûr.

Je chéris chaque moment passé avec toi.

Je ne me lasse pas de te dire à quel point je t'aime.

Votre intelligence et votre esprit me plaisent beaucoup.

J'aime que tu m'acceptes et que tu m'aimes pour ce que je suis. Ton amour m'accepte et est inconditionnel.

Tu es celui avec qui je veux passer ma vie.

Les meilleures choses de la vie sont meilleures avec toi.

Ton amour remplit ma vie de joie et de bonheur.

Votre amour et votre soutien comptent beaucoup pour moi.

Votre amour et votre soutien sont le fondement de notre relation.

Tu me fais me sentir bien.

Tu es mon seul véritable amour.

Je t'aime plus que les mots ne peuvent l'exprimer.

Votre amour est la colle qui nous maintient ensemble.

Je veux vieillir avec toi.

Vous avez rendu ma vie tellement plus heureuse.

Je suis heureux de tout l'amour que vous me portez.

Mon cœur est à toi pour toujours.

Je t'aime plus que tout.

J'aime la façon dont tu me pousses à devenir une meilleure personne.

Tu es ma Valentine pour toujours.

Merci pour votre amour et pour toutes les façons dont vous rendez ma vie meilleure.

J'aime la façon dont vous acceptez vos bizarreries et vos imperfections et restez toujours fidèle à vous-même. Votre amour est authentique et sincère.

Tu es la personne la plus incroyable que j'aie jamais rencontrée.

Tu rends ma vie meilleure. Tu es tout pour moi.

Je t'aime chaque jour davantage et tu apportes du bonheur à ma vie.

Je suis la personne la plus chanceuse de t'avoir dans ma vie.

Je ne peux pas imaginer la vie sans toi à mes côtés.

Mon cœur est à toi, maintenant et pour toujours.

Votre amour est une source de force et d'inspiration pour moi. Merci d'être à mes côtés.

J'ai tellement de chance d'avoir trouvé l'amour de ma vie en toi. Je t'aime de plus en plus chaque jour.

Pour toi, j'irais jusqu'au bout du monde.

Chaque fois que je te vois, mon cœur fait un bond.

Ensemble pour toujours.

Je suis très heureux de t'avoir à mes côtés.

Notre amour est comme une belle rose.

Votre amour est la colle qui nous maintient ensemble. Je suis reconnaissant de t'avoir à mes côtés.

Ton amour est comme une étreinte chaleureuse qui m'enveloppe et me remplit de bonheur et de satisfaction.

Je remercie Dieu chaque jour de t'avoir fait entrer dans ma vie.

Tu es le désir de mon cœur.

J'ai tellement de chance d'avoir trouvé l'amour de ma vie en toi. Votre amour me remplit de joie et de bonheur chaque jour.

Je ne peux pas imaginer la vie sans toi à mes côtés.

Je t'aime de tout mon cœur et je ne te laisserai jamais partir.

J'ai beaucoup de chance de vous avoir.

Tu remplis mon cœur de joie.

Vous apportez tellement de joie et de bonheur dans ma vie.

Je remercie Dieu chaque jour de t'avoir fait entrer dans ma vie.

Tu es mon soleil, ma lune et toutes mes étoiles.

Avis de non-responsabilité

L'application de toutes les informations, instructions et stratégies contenues dans cet ouvrage se fait à vos propres risques. L'auteur n'est pas responsable des dommages de quelque nature que ce soit, pour quelque motif juridique que ce soit. Toute action en responsabilité contre l'auteur pour des dommages matériels ou immatériels causés par l'utilisation ou la non-utilisation des informations ou par l'utilisation d'informations incorrectes et/ou incomplètes est exclue. Les droits légaux et les demandes de dommages et intérêts sont donc également exclus. Cet ouvrage a été compilé et édité avec le plus grand soin et au mieux de nos connaissances et de nos convictions. L'auteur décline toutefois toute responsabilité quant à l'actualité, l'exhaustivité et la qualité des informations fournies. Les erreurs d'impression et les informations incorrectes ne peuvent être totalement exclues. Aucune responsabilité légale de quelque nature que ce soit ne peut être acceptée pour des informations incorrectes fournies par l'auteur.

Copyright

Impression

1ère édition

Contact :

Publishing today LLC

4300 Ridgecrest Dr SE

Suite L #897

Rio Rancho

NM 87124

Printed by Amazon Italia Logistica S.r.l.
Torrazza Piemonte (TO), Italy

42933909R00107